AF202858

für:

von:

Die Französin
Jeanne Calment wurde
übrigens *122 Jahre* alt –
was heißt, dass du
die Hälfte deines Lebens
noch vor dir hast!

Je mehr Kerzen
deine Geburtstagstorte hat,
desto weniger Atem hast du,
um sie auszublasen.

Jean Cocteau

Zum Altwerden ist
immer noch Zeit.

*

aus Italien

NEIN,

Was du jetzt nicht mehr tun musst:

- Jeden Modetrend mitmachen – du hast deinen eigenen Stil gefunden. Besser geht es nicht!

- Crossfit, Kitesurfen oder andere neumodische Sportarten ausprobieren – du weißt, dass man sich auch anders fit halten kann.

DANKE!

- Auf Ü30-Partys gehen.
Das junge Gemüse soll mal lieber
unter sich feiern.

Es ist geschafft!

Die Midlife-Crisis
hast du hinter dir!

Trotzdem:
Für „Essen auf Rädern"
bist du noch zu jung. Bis
dahin musst du selbst den
Kochlöffel schwingen –
oder du gehst ins
Restaurant.

ABSOLUTE

Das geht jetzt nicht mehr:

- Bei Miss- und Mister-Wahlen mitmachen – es sei denn, es gibt einen Best-Ager-Wettbewerb.

- Mit sich selbst unzufrieden sein. Du bist gut so, wie du bist.

NO-GOS!

Und das auch nicht:

- Bauchfrei tragen. Gilt für Mann und Frau. War aber eigentlich noch nie ein modisches Highlight.

- Von „damals" schwärmen. Jetzt ist deine beste Zeit, mach was draus!

Das Gute am Älterwerden ist, dass man Jahr für Jahr mehr **innere Narrenfreiheit** erwirbt und dabei äußerlich an Seriosität gewinnt.

unbekannt

Im Alter
bereut man vor allem
die Sünden, die man
nicht begangen hat.

William Somerset Maugham

Die gute Nachricht:

Ein gepflegter Oldtimer
deines Jahrgangs ist
inzwischen rar und
seeehr teuer.

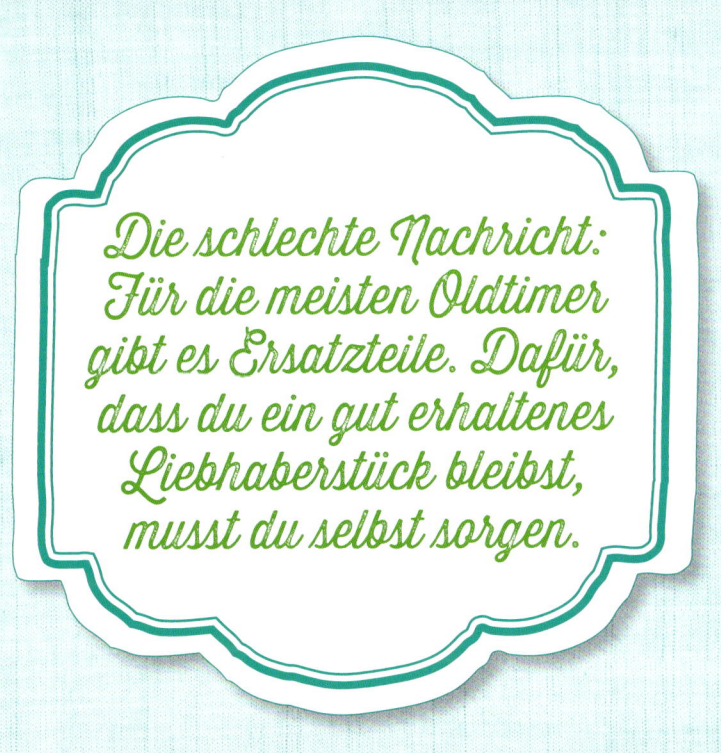

Die schlechte Nachricht:
Für die meisten Oldtimer
gibt es Ersatzteile. Dafür,
dass du ein gut erhaltenes
Liebhaberstück bleibst,
musst du selbst sorgen.

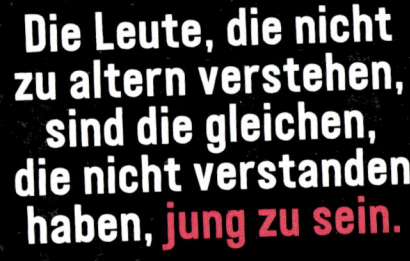

Die Leute, die nicht zu altern verstehen, sind die gleichen, die nicht verstanden haben, **jung zu sein.**

Marc Chagall

Jeder möchte lange leben, aber keiner will alt werden.

*

Jonathan Swift

NOSTALGIE!

Woran erinnerst du dich noch?

- Tante-Emma-Laden
- VW T1
- Wum & Wendelin
- Bob Dylan
- Lebertran
- Berliner Mauer

NOSTALGIE!

- Wählscheibentelefon
- Muhammad Ali
- Mondlandung
- Seifenkistenrennen
- Nietenhosen

Hast du ein Häuschen gebaut?
Bäume gepflanzt?

Kinder in die Welt gesetzt?
Ein kleines Vermögen angespart?

60 Mindestens 200 PS
unter der Motorhaube?

NEIN?!

Egal!
Mit 60 weißt du zum Glück,
worauf du im Leben getrost
verzichten kannst. *Konzentrier*
dich weiter auf das, was
wirklich wichtig ist!

**Mit 20 hat jeder
das Gesicht, das Gott ihm
gegeben hat, mit 40
das Gesicht, das ihm
das Leben gegeben hat,
und mit 60 das Gesicht,
das er verdient.**

Albert Schweitzer

Für irgendetwas
ist man eigentlich
immer **zu jung**.

*

Klaus Klages

GET THE PARTY

Was jetzt noch kommt ...

• das hängt
im Wesentlichen von
deiner Fantasie und
Abenteuerlust ab.

• das entscheidest du ganz allein!

STARTED!

- die Freuden und Freiheiten
  des Ruhestands.

- das pralle Leben!

Happy Birthday!

Wir von GROH wollen die Welt
ein bisschen verschönern – mit liebevollen
Geschenken, die glücklich machen.

GROH.DE

@die_geschenkverlage

FSC
www.fsc.org

MIX
Papier | Fördert
gute Waldnutzung
FSC® C008457

Idee und Konzept: GROH Verlag. Das Werk einschließlich seiner Teile ist urheberrechtlich geschützt. Jede Verwertung außerhalb der engen Grenzen des Urheberrechtsgesetzes ist ohne Zustimmung des Verlages unzulässig und strafbar. Das gilt insbesondere für Kopien, Einspeicherung und Verarbeitung in elektronischen Systemen. Der Verlag behält sich die Nutzung für Text-and-Data-Mining nach § 42b UrhG vor.

Textnachweis: Wir danken allen Autoren bzw. deren Erben, die uns freundlicherweise die Erlaubnis zum Abdruck von Texten erteilt haben, sowie dem C.H.Beck Verlag für den Text von Albert Schweitzer © Verlag C.H.Beck oHG, München.

Bildnachweis: Illu Cover, S. 1, S. 7: Shutterstock/mazura1989; Hintergrund Cover, S. 10/11 14/15, 20/21, 26/27, 30/31, 38/39, 44/45: Shutterstock/vavavka; S. 1: Shutterstock/mazura1989; Hintergrund: Shutterstock/vavavka; S. 2: Shutterstock/Qualit Design; S. 3: Shutterstock/Epine; Fotorahmen S. 5, 8, 12, 19, 24, 32, 36, 42: Shutterstock/Lyudmyla Kharlamova; S. 11: Shutterstock/PremiumVector; S. 14: Shutterstock/La puma; S. 17: Getty Images/iStock/everythingpossible; S. 22: Shutterstock/KUCO; S. 26: Shutterstock/Ad libitum; S. 28: Shutterstock/PremiumVector; S. 34: Shutterstock/lookus; S. 38: Shutterstock/PremiumVector; S. 40: iStock.com/SlothAstronaut; S. 44: Shutterstock/Daria Chupinina.

Layout: Dipl. Grafik Designerin Doris Wohofsky

Satz: Konstantin Wohofsky | wohofsky.net

Gesamtherstellung: AZ Druck und Datentechnik GmbH, Kempten

60 werden ist wahnsinnig berauschend!
GTIN 978-3-8485-2170-8
© 2019 Groh Verlag. Ein Imprint der Verlagsgruppe Droemer Knaur GmbH & Co. KG, München
www.groh.de

8 9 10 11 12

*Deshalb gilt für dich
weiterhin die Devise:
Neue Abenteuer?
Immer gerne!*

Denn mit 60 ist noch lange nicht Schluss!

An die Sechs vorne dran
musst du dich vielleicht erst
einmal gewöhnen – aber Zahlen
sind Schall und Rauch.
Und du bleibst einfach weiterhin so,
wie du bist: spontan, lebenslustig,
offen und neugierig.
Denn so bist du am
allerbesten!

**Wir werden
nicht älter mit den
Jahren, wir werden
neuer jeden Tag.**

Emily Dickinson

Es ist Zeit für eine große Party – man wird schließlich nur einmal 60!

Aber Achtung!

Besser du nimmst dir
anschließend eine Woche
Erholungsurlaub – du bist
eben keine 16 mehr!

Das Geheimnis, **jung zu bleiben**, ist simpel: aufrichtig leben, langsam essen und bei Fragen nach dem Alter lügen.

Lucille Ball

Die beste Vorsorge für das Alter ist, dass man sich nichts entgehen lässt, was **Freude macht.**

Franziska Gräfin zu Reventlow

ALLES IST

Was du mit 60 tun kannst:

- Natürlich alles besser wissen – das wird jetzt sogar von dir erwartet.

- Alle zwischen 5 und 25 mit Anekdoten von früher nerven.

MÖGLICH!

- Dir mal einen ausgiebigen Kuraufenthalt gönnen.

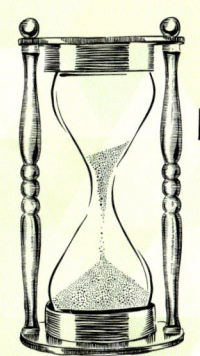

- Die verbleibenden Arbeitstage bis zum Rentenbeginn auszählen – und das Ergebnis in Stunden und Minuten umrechnen.

Wir sind unser **ganzes Leben** lang in einem schwierigen Alter.

Thomas Romanus

Um auf die Überraschungen des Lebens vorbereitet zu sein, wird man nie alt oder weise genug.

*

unbekannt

WEISST

Kannst du dich noch an diese Highlights erinnern?

- wie peinlich es war, wenn man mit der Kunstlederhose auf der Rutsche kleben blieb?

- wie du dir für 25 Pfennige eine große Kugel Eis kaufen konntest?

DU NOCH ...

- wie die Länge deiner Haare regelmäßig ein Familiendrama heraufbeschwor?

- dass in deiner Jugend eine Blue Jeans ein Kleidungsstück für Revoluzzer war?

Sonderbar:
Deine Kollegen
sind (fast) alle jünger
als du!

Wunderbar:

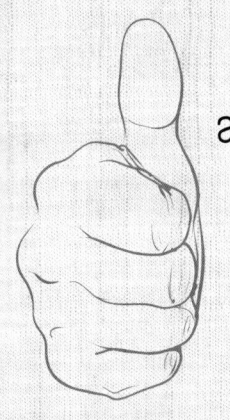

Sie haben deshalb
alle noch mehr Arbeitsjahre
als du vor sich!

Der Mensch benötigt eine gewisse Zeit, um zu seinem **vollmundigen** Charakter zu reifen.

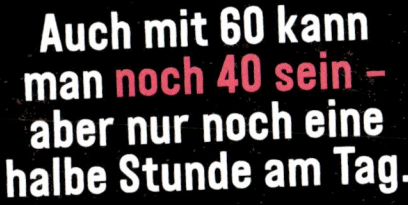

Auch mit 60 kann man **noch 40 sein** – aber nur noch eine halbe Stunde am Tag.

Anthony Quinn

DU BIST

Diese Hinweise deuten unmissverständlich auf dein Alter hin:

- Du warst als Kind auf dem Rücksitz nie angeschnallt.

- Ob im Wohnzimmer, im Auto oder in der Gaststätte – in deiner Jugend waberte überall dichter Zigarettenqualm.

ENTTARNT!

• Du hast vor dem Fernseher mitverfolgt, wie ein Mensch die ersten Schritte auf dem Mond machte.

• Eine Fernsehserie „Dick und Doof" zu nennen, setzte noch keine Diskussion über political correctness in Gange. Im Gegenteil: Die Serie war einfach lustig.

60 JAHRE?

Im Vergleich zu Methusalem (969 Jahre)

und der Schildkröte Esmeralda (200+ Jahre)

bist du gerade mal in der Pubertät!

DU BIST JETZT 60!

Jetzt geht's
erst richtig los?
Mitnichten!
Denn du hast dir
bis jetzt schon nichts
entgehen lassen ...
Und das ist auch
gut so!